모든 아이들이 스스로 자신을 보호할 수 있기를······.

나의 첫 건강 교실 7 안전

왜 언제나 조심해야 할까

초판 1쇄 발행 | 2006년 8월 25일
초판 4쇄 발행 | 2015년 9월 20일

지은이 | 프랑수아즈 라스투앵-포주롱
그린이 | 벵자맹 쇼
옮긴이 | 이효숙

펴낸이 | 양진오 펴낸곳 | (주)교학사 등록일 | 1962년 6월 26일 제18-7호
주   소 | 서울특별시 마포구 마포대로14길 4
전   화 | 편집부 (02)7075-328 · 영업부 (02)7075-155 팩스 | (02)7075-330
홈페이지 | www.kyohak.co.kr
편   집 | 김인애, 김길선, 김민령, 김효성
디자인 | 투피피

이 도서의 국립중앙도서관 출판시도서목록(CIP)은 e-CIP 홈페이지(http://www.nl.go.kr/cip.php)에서 이용하실 수 있습니다. (CIP제어번호 : CIP 2006001428)

ISBN 978-89-09-12278-8
ISBN 978-89-09-14622-7(세트)

LES DANGERS
by Françoise Rastoin-Faugeron

Copyright ⓒ 2002 by Éditions NATHAN / VUEF - Paris, France
Korean Translation Copyright ⓒ 2006 by KYOHAKSA
This Korean edition is published under license from Éditions NATHAN.

이 책의 한국어판 저작권은 Éditions NATHAN와의 독점 계약으로 (주)교학사에 있습니다.
저작권법에 의해 한국 내에서 보호를 받는 저작물이므로 무단 전재와 무단 복제를 금합니다.

나의 첫 건강 교실 **7** 안전

왜 언제나 조심해야 할까

프랑수아즈 라스투앵-포주롱 글 | 벵자맹 쇼 그림
이효숙 옮김

교학사

펴내는 글

　어린이들은 궁금한 게 참 많습니다. 당장 무엇이든 질문해 보라고 하면 푸른 하늘 너머에는 무엇이 있는지, 왜 나는 이렇게 생겼는지, 왜 우리 집에는 외계인이 안 오는지, 수백 가지도 넘는 질문들을 단숨에 쏟아 낼 것입니다. 하지만 그 중에서 가장 궁금한 것을 골라 보라고 하면 아마도 '우리 몸'과 관련된 질문이 아닐까요?

　왜 우리는 밥을 먹고 잠을 자야 할까? 왜 몸을 깨끗이 씻고 병에 걸리지 않도록 조심해야 할까? 우리는 어떻게 보고 듣고 느낄까? 아기는 어떻게 해서 생겨날까? 어떻게 하면 환경을 보호할 수 있을까? 학교는 왜 가야 할까? 왜 운동을 해야 할까?

　이런 질문들이 중요한 까닭은, 나의 몸을 제대로 이해하는 것이 세상을 이해하기 위한 첫걸음이기 때문입니다. 또, 나의 몸을 건강하게 돌보는 것이 세상을 건강하게 만들기 위한 첫 번째 조건이기 때문입니다. 더 나아가 나를 둘러싼 세상을 올바르게 아는 것은 나와 우리 가족, 나의 친구들이 건강하게 살아가기 위해 꼭 필요한 일이겠지요.

　'나의 첫 건강 교실'은 어린이들이 자신의 몸과 자신을 둘러싼 세상에 대해 갖는 다양한 궁금증을 풀어 주기 위해 만들어진 시리즈입니다. 건강을 지키기 위해서 꼭 해야 할 일들과, 우리 몸과 우리를 둘러싼 세상에 대해 꼭 알고 있어야 할 일들을 한 권 한 권에 쏙쏙 담아, 보다 건강하고 행복하게 살기 위한 지혜를 일러 줍니다.

　어린 시절의 건강이 평생 건강의 밑바탕이 된다는 점에서, 그리고 어린 시절의 올바른 행동과 습관이 평생을 좌우한다는 점에서 '나의 첫 건강 교실'은 자라나는 어린이들에게 꼭 필요한 책입니다.

　건강한 몸에 건강한 정신이 깃든다는 말은 정말정말 참말이랍니다!

소아과 의사　프랑수아즈 라스투앙포주롱

차 례

부엌에서 조심!	12~13
전기는 왜 위험할까?	14~15
이 유해 그림들은 무슨 뜻일까?	16~17
찻길에서는 아주 조심해야 해!	18~19
작은 상처들은 어떻게 치료할까?	20~21
시골에서는 무엇을 조심해야 할까?	22~23
바닷가에서는 무엇을 조심해야 할까?	24~25
신중 요정의 충고	26~27
위험 제로 놀이	28~29
어려운 낱말들	30~31

이번 주 월요일은 여느 월요일과 달랐어요.
레미와 릴루, 그리고 친구들은 학교 운동장에서
소방관인 베르나크 아저씨를 기다리고 있었어요.

"안녕, 애들아! 내 이름은 베르나르이고, 소방대 대장이란다."
베르나르 아저씨가 인사하자, 릴루가 물었어요.
"소방관은 불을 끄는 일을 하지요?"
"그래! 하지만 사고가 나면 부상당한 사람들을 구하기도 한단다."
베르나르 아저씨가 대답했어요. 그러자 한 아이가 다시 물었어요.
"어떤 사고가 일어나는지 얘기해 주세요."
"그래, 먼저 사고를 어떻게 피해야 하는지 얘기해 줄게.
그럼 시작해 볼까?"

12

베르나르 아저씨가 그림을 펼쳐 들자, 아이들이 소리쳤어요.
"우아, 집이다!"
"그래, 집에 있으면 정말 편안하고 좋지.
그런데 집 안에도 위험한 것들이 있단다.
부엌에서 위험한 것은 무엇인지 누가 먼저 찾아볼래?"
"불 위에 놓인 냄비와 열려 있는 오븐이 위험해요."
레미가 바로 대답했어요.

부엌에서 조심!

불에 데지 않게 조심해!
냄비가 불이 켜진 가스 레인지 위에 있거나,
오븐이 켜져 있을 때는 멀리 떨어져 있어야 해.

칼에 베이지 않도록 조심해!
칼을 사용하기 전에
칼을 잘 잡는 법부터 배워야 해.

전자 레인지를 조심해!
전자 레인지는 사용법이 쉬워 보여.
하지만 사용하기 전에
주의 사항을 잘 알아 두어야 한단다.

불에 데면 아파!

불에 데면
재빨리 흐르는 찬물에
상처를 갖다 대고
한참 동안 있어야 한단다.

1. 가스 레인지의 불이 꺼져 있으면 아무런 위험이 없다.
　　　　　맞다.　　틀리다.

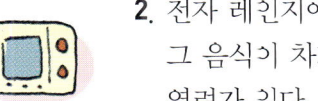
2. 전자 레인지에서 음식을 꺼낼 때 그 음식이 차가워도 화상을 입을 염려가 있다.
　　　　　맞다.　　틀리다.

3. 부엌은 집 안에서 사고가 가장 많이 나는 곳이다.
　　　　　맞다.　　틀리다.

답 : 1. 틀리다. 불씨라든가 가스 라이터가 사고 원인이 되는 경우가 많으므로 조심해야 한다. 2. 맞다. 전자 레인지에 데운 음식은 겉은 차갑더라도 속이 뜨거울 수가 있기 때문에 먹기 전에 꼭 확인을 해야 해. 3. 맞다.

14

베르나르 아저씨가 전등을 손에 들고 물었어요.
"이 전등이 무엇 때문에 켜지는지 알고 있니?"
"전기요!"
아이들이 소리쳤어요. 그런데 조금 있다가 릴루가 물었어요.
"그런데 왜 어른들은 전기가 위험하다고 하나요?"

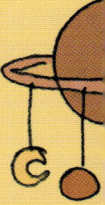

전기는 왜 위험할까?

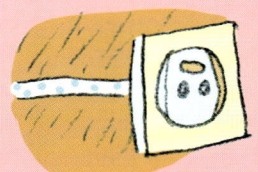

전기는 스십억 개의 아주 작은 전자들로 이루어져 있어.
이 전자들이 전깃줄 속을 돌아다니며
전기 에너지를 공급한단다.

전등에 달린 전깃줄의 플러그를 콘센트에 꽂으면,
전등의 전깃줄과 벽 안에 있는 전깃줄이 서로 연결돼.
이 때, 전기가 전등으로 흘러들어가 불이 켜진단다.

벽에 있는 콘센트에 손가락을 넣으면 절대로 안 돼.
만약 손가락을 넣으면 그 곳에서 흘러나온 전기가 몸 속으로 흐르게 되지.
그러면 **감전**되어 죽을 수도 있어.

나는 콘센트를 만지지 않아!

전기 플러그를 가지고 놀아서는 절대 안 돼.

젖은 손으로 전기 기구를 만지면
다음 중 어떤 점이 가장 위험할까?

1. 전기 기구가 젖어 망가질 위험이 있다.
2. 감전될 위험이 있다.
3. 전기 기구가 손에서 미끄러져 바닥에 떨어질 위험이 있다.

답: 2.

"이것들은 집에서 청소를 하거나 물건을 고치는 데 쓰이는 약품들이야."
베르나르 아저씨가 이야기하자, 릴루가 물었어요.
"왜 병마다 그림이 그려져 있죠?"
"이 제품들이 위험할 수도 있다는 것을 알리기 위해서란다.
모든 제품들이 다 똑같은 위험이 있는 것은 아니기 때문에
'유해 그림'이라고 불리는 작은 그림으로 표시해 놓은 거야."

이 유해 그림들은 무슨 뜻일까?

불이 붙을 수 있다.

독이 될 수 있다.

죽을 수도 있다.

폭발할 수 있다.

자연을 파괴한다.

유해 그림이 어디 있지?

겉에 유해 그림이 없는 약품들도 위험할 수 있어. 그러므로 약품을 가지고 놀아서는 절대로 안 돼!

가정에서 쓰이는 많은 약품의 포장에는 '아이들에게 금지된 것'이라는 표시가 그려져 있지 않아.

'아이들에게 금지되었음!'이라는 뜻을 나타내는 유해 그림을 그려 보렴.

베르나르 아저씨는 모형 찻길에다 장난감 자동차와 인형을 갖다 놓았어요.
"자, 이제 위험하지 않은 주행 놀이를 해 보자."
"어떻게 하는 놀이인데요?"
아이들이 묻자, 베르나르 아저씨가 차근차근 설명해 주었어요.
"간단해. 이 아이는 집에서 출발해서 학교로 가야 해.
그런데 주의해야 할 것들이 있어!
어떻게 하면 이 아이가 무사히 학교에 도착할 수 있을까?"

찻길에서는 아주 조심해야 해!

찻길을 건널 때는 반드시 횡단 보도로 건너야 해. 횡단 보도를 건너기 전에는 양쪽을 잘 살핀 다음에 건너가야 한단다.

신호등이 있는 횡단 보도에서는 초록 불이 켜질 때까지 기다려야 해.

좁은 인도에서는 뛰지 말아야 해. 특히 공을 차면서 뛰면 정말 위험해. 공이 찻길로 굴러가면 자기도 모르게 찻길로 뛰어들 수 있기 때문이야. 차가 오는지 보지도 않고 말이야.

어린이들은 아직 키가 작아서 운전자의 눈에 잘 띄지 않는다는 사실을 명심하렴.

나는 묶여 있는 것이 싫어!

차 안에서는 안전띠를 꼭 매고 있어야 해. 아무리 짧은 거리를 간다 해도 말이야.

자전거를 탈 때 지켜야 할 안전 수칙을 알고 있니? 맞는 항목에 표시를 하렴.

- ☐ 헬멧을 쓴다.
- ☐ 표지판을 잘 익히고 꼭 지킨다.
- ☐ 노래를 부른다.
- ☐ 어두운 밤에는 자전거를 타지 않는다.
- ☐ 사과를 한 개 먹는다.
- ☐ 한 손으로 운전한다.

답: 헬멧을 쓴다. 표지판을 잘 익히고 꼭 지킨다. 어두운 밤에는 자전거를 타지 않는다.

20 베르나르 아저씨가 다시 새로운 그림을 펼쳤어요.
그러자 한 여자 아이가 그림을 가리키며 말했어요.
"저 애들 좀 봐. 미끄럼틀 꼭대기에서 싸우고 있잖아!"
그러자 베르나르 아저씨가 말했어요.
"놀이터에서는 대부분 재미있게 놀지만, 가끔 다치는 일도 생긴단다.
다행히 그리 심각한 사고는 아니지만."

작은 상처들은 어떻게 치료할까?

어딘가에 부딪쳤을 때는 다친 곳에 얼음을 갖다 대고 있어. 그러면 혹이 생기는 것을 막을 수 있단다.

피가 나면 상처를 잘 씻은 다음, 거즈나 깨끗한 천으로 감싸 주어야 해. 상처가 너무 깊으면 병원에 가야 한단다.

그리 심하지 않은 코피가 날 때는 머리를 약간 앞으로 숙이고 콧망울을 꽉 눌러 주면 돼.

너무 아파!

상처가 더 심각하면 병원에 가야 해.

너는 놀이터에서 놀 때 조심하는 편이니?

- 위험한 곳에 올라가지 않는다.   네.   아니요.
- 미끄럼틀을 탈 때 차례를 기다린다.   네.   아니요.
- 입에 막대사탕을 물고 달리면 안 된다는 것을 알고 있다.   네.   아니요.

답 : '네'가 3개라면 너는 조심성이 많은 어린이. '네'가 1개나 2개라면 더더욱 조심성이 필요한 어린이. 0~1이면 조심성이 많이 부족한 편이란다.

"너희들이 좋아할 만한 노래를 하나 불러 볼까? 잘 들어 봐!"
베르나르 아저씨는 큰 소리로 노래를 부르기 시작했어요.

시골길과 숲 속에서
우리 함께 산책해요.
함께 찾아봐요,
숲 속의 버섯들을.
버섯아, 너는 어디 있는 거니?

시골길과 숲 속에서
우리 함께 산책해요.
오래지 않아 만나게 될 거예요,
예쁘고 빨갛고 둥그런 것을.
작고 빨갛고 둥그런 것아,
너는 누구니?

시골에서는 무엇을 조심해야 할까?

숲 속 덤불에 열린 열매들은 독을 갖고 있을지도 몰라. 그런 열매들은 따지도 말고, 맛보아서도 절대 안 돼!

어떤 버섯들은 독을 갖고 있는 **독버섯**이야. 그러니까 버섯을 따기 전에는 먹어도 되는 버섯인지 반드시 잘 알아보아야 해.

혼자 다니는 개를 보면 쓰다듬어 주고 싶은 생각이 들 수도 있어. 하지만 그런 개한테 물리면 큰일이야. 그러니까 떠돌이 개는 피하는 것이 좋아!

가 버려, 이 나쁜 뱀들아!

날씨가 더울 때는 뱀을 조심해야 해. 뱀이 도망가도록 막대기로 땅을 치거나 장화를 신는 것이 좋아.

시골에는 사람을 무는 벌레들이 많단다. 다음 중 물지 않는 벌레는 어느 것일까?

답: 파랑 호랑나비.

베르나르 아저씨가 아이들에게 또다른 그림을 보여 주었어요.
그러자 한 남자 아이가 물었어요.
"저 높은 의자에 앉아 있는 사람이 아저씨예요?"
"으음, 맞아. 소방관이 되기 전에 여름이면 바닷가에서
인명 구조 대원으로 일했단다."
"우아, 멋지다! 여름 내내 바닷가에서 휴가를 보내다니!"
릴루가 부러워하자, 베르나르 아저씨가 다시 말했어요.
"그래, 아주 멋진 일이지. 하지만 바닷가에서도 자기를
보호할 줄 알아야 해."

바닷가에서는 무엇을 조심해야 할까?

너무 강한 햇빛은 몸에 좋지 않아.
햇빛을 막아 주는 선크림과 티셔츠, 모자,
선글라스 등으로 피부와 눈을 보호해야 해.

수영을 할 줄 모른다면 튜브 없이
물에 들어가서는 안 돼. 튜브는 물에 뜨고
물 바깥으로 머리를 내놓을 수 있게 도와 주거든.
튜브가 없으면 물에 빠져 숨을 쉴 수 없게
될지도 몰라.

물 속에 오래 들어가 있을 수도 있어.
단, 그림 속의 잠수부처럼
산소통을 가지고
들어가야만 한단다.

바닷가에서는 바다의 날씨에 따라
각각 다른 색깔의 깃발을 틀어 물놀이와
관련된 위험을 알려 주고 있단다.
다음 깃발과 그 깃발이 뜻하는
내용을 맞게 연결해 보렴.

 •   • 물놀이 허용

 •   • 물놀이 주의

 •   • 물놀이 금지

나 물 먹었어!

물놀이를 할 때는
설령 물이 아주 얕다고
할지라도 조심해야 한단다.
아주 어린 아이들은
특히 더 조심해야 하지.

"자, 이제 내 트럭을 타고 한 바퀴 돌아보자꾸나."
베르나르 아저씨의 말에 아이들이 크게 소리쳤어요.
"우아, 신난다!"
베르나르 아저씨는 레미에게 종이 한 장을 내밀었어요.
"지나가는 사람들 모두에게 이 신중 요정의 규칙을 크게 읽어 주렴."
"신중 요정이 누구예요?"
릴루가 묻자, 베르나르 아저씨가 대답했어요.
"너희들을 보호해 주는 요정이란다."

신중 요정의 충고

27

이제 모든 곳에서 레미의 목소리가 울려 퍼졌어요.

편안한 집에서, 소란스러운 거리에서,

나라면 절대로 사고를 안 당할 텐데!

이리 뛰고 저리 뛰는 학교에서, 언제나 조심하고 스스로를 보호합시다.

위험 제로 놀이

오른쪽 그림을 가리고 왼쪽 그림을 보렴.
그리고 이 아이들이 얼마나 위험한 행동을 하고 있는지 말해 보겠니?

그러고 나서 오른쪽 그림을 보며 어떻게 행동해야 안전한지 말해 보렴.

독
몸에 위험한 물질.
사람이나 동물이 병에 걸리게 하며,
죽게 하기도 한다.

독버섯
독을 품고 있는 버섯.
독버섯은 종류가 많고
가려 내기가 어렵기 때문에
이름 모를 야생 버섯을
함부로 먹어서는 안 된다.

전기
전자가 움직이면서
생겨나는 에너지의 하나.
빛과 열을 내고,
여러 가지 기계를
움직이게 한다.

프랑수아즈 라스투앵-포주롱 글
프랑스의 소아과 의사입니다. 일간 신문을 비롯한 다양한 매체에서
어린이 건강 교육 전문가로 활동하고 있습니다. 의사이자 어머니, 그리고 할머니로서
자신이 쌓아 온 경험을 바탕으로, 놀이를 통한 어린이 건강 교육에 힘을 쏟고 있습니다.

벵자맹 쇼 그림
프랑스 오트잘프에서 태어나, 스트라스부르 고등장식 미술학교를 졸업했습니다.
지금은 마르세유에서 어린이를 위한 그림을 그리고 있습니다.
그린 책으로 〈포멜로가 사랑에 빠졌어〉, 〈슬픈 피콜로〉, 〈우리 몸 아틀라스〉 등이 있습니다.

이효숙 옮김
연세대학교 불어불문학과를 졸업하였고, 파리 소르본 대학에서 불문학 석사와
박사 학위를 받았습니다. 지금은 연세대학교에서 강의를 하며, 번역 활동도 함께 하고 있습니다.
옮긴 책으로는 〈없는 아이〉, 〈내겐 너무 예쁜 선생님〉, 〈로즈버드〉,
〈너랑 친구하고 싶어〉 등이 있습니다.